Une Ambulance improvisée

VERBERIE

2 SEPTEMBRE — 3 NOVEMBRE 1914

VERBERIE
LIBRAIRIE LETELLIER
—
1915

Une Ambulance improvisée

VERBERIE

2 Septembre — 3 Novembre 1914

VERBERIE
LIBRAIRIE LETELLIER

1915

A LA MÉMOIRE DES HÉROS

TOMBÉS AU CHAMP D'HONNEUR

Une Ambulance improvisée

VERBERIE

2 Septembre — 3 Novembre 1914

Le samedi huit août mil neuf cent quatorze, quelques dames de Verberie et de Port-Salut se réunirent à la Mairie dans le but d'organiser un petit Hôpital de secours pour blessés de la Guerre Franco-Allemande, déclarée les jours précédents.

Le local de l'Hôpital fut fixé dans les ateliers de M. Arcelaine, industriel à Verberie, et l'aménagement se fit le plus rapidement possible. Le chauffage, l'éclairage, l'évacuation des eaux usées, furent assurés par les appareils de l'usine, ainsi que le lessivage du linge à la vapeur. Vingt-deux lits garnis, du linge en abondance, divers objets de première nécessité furent prêtés par les habitants.

Une souscription réunit en deux jours plus de 1.200 francs, et le fonctionnement de l'Hôpital pour une durée d'au moins un mois était assuré.

A plusieurs reprises, un délégué de la Croix-Rouge de

Compiègne vint examiner les préparatifs, et donna son entière approbation au projet en voie de réalisation et promit le concours empressé de son Comité pour en assurer le fonctionnement.

Asile annexe de secours, ou Hôpital de convalescence pour blessés en voie de guérison ; telle devait être dans la pensée des organisateurs l'œuvre de Verberie.

Nous allons voir en reproduisant des notes écrites au jour le jour et le rapport administratif, ce qu'elle a été : *une vériritable ambulance.*

Le dimanche 30 août 1914, ses portes s'ouvrirent pour donner l'hospitalité d'une nuit aux malades et blessés d'un détachement de chasseurs alpins venant de la direction de Péronne...

Non seulement le but proposé a été dépassé, mais certains résultats obtenus méritent d'être soulignés.

Elle a sauvé d'une captivité douloureuse, qui se prolongerait encore, 13 blessés, qui déjà convalescents pour la plupart, le 8 septembre, étaient désignés par les Allemands comme prisonniers : 10 anglais, dont 1 officier, et 3 soldats français. Elle a assuré la prompte guérison de ces blessés qui furent pansés immédiatement sur place et qui seraient restés abandonnés sur le champ de bataille par les Allemands pendant de longues journées. Elle a étendu sa protection sur toute la population de Verberie, qui s'était abritée derrière le drapeau de la Croix-Rouge, et peut-être l'a préservée des terribles représailles dont tant de cités ont été victimes.

Les premiers Allemands qui, le 2 septembre, s'installèrent, vraiment en pays conquis, à Verberie, rencontrèrent un chasseur alpin blessé que les brancardiers improvisés portaient à l'usine de M. Arcelaine. Après s'être assuré de la réalité de la blessure, l'un d'eux prit sa gourde et donna à boire un cordial au soldat français...

.Que ce geste n'a-t-il été répété partout !

...C'eût été une sauvegarde...

Extraits des Notes journalières

DU DR DEBACQ

1er Septembre 1914. — La ville de Verberie est assiégée dès le matin. Elle est bombardée par l'artillerie allemande venant de Compiègne, et arrivant par l'avenue de la Gare. Les obus sont tirés dans la direction de la fontaine et de l'église. Une pluie de mitraille s'abat sur la ville pendant un quart d'heure. A 11 heures, la canonnade, aux alentours, cesse... La maison Pingeot, au coin de la rue Saint-Pierre, brûle lentement, aucun secours ne pouvant être apporté...

A 10 heures, 16 blessés anglais et français sont relevés sur l'avenue de Compiègne... 4 anglais et 2 chasseurs alpins sont trouvés morts sur le champ de bataille.

Les blessés ont été recueillis chez M. le curé Duret, où la dévouée Mlle Dhennin soigne les 4 plus atteints, chez Mme Lavert, M. Démarez, M. Hippolyte Mahon, M. Courteille, M. Demézière, M. Désiré Demonchy, et à l'asile Saint-Corneil.

11 furent pansés immédiatement par le Dr Debacq ; 5 l'ont été par des particuliers... Ils passèrent la nuit dans les maisons où ils étaient...

Pendant la nuit plusieurs régiments allemands traversent Verberie, sans s'arrêter, montant vers Senlis...

2 Septembre. — L'invasion des rues de Verberie se fait lentement et timidement d'abord. A 8 heures, les blessés sont transportés à l'Hôpital auxiliaire, organisé par les dames de la Croix-Rouge, rue Saint-Nicolas, dans l'usine de

M. Arcelaine, fabricant de chapeaux. Ils sont regardés avec respect par les Allemands qui passent en masses énormes et commencent le pillage des magasins...

Les blessés sont aussitôt couchés dans les lits et pansés par le Dr Debacq, aidé d'infirmières de hasard...

Ont servi de brancardiers : MM. Courteille père et fils, Couvreur, Darche, Maréchalle, Lemaire, Debressy, Picart, Paillard (Henri), ayant à leur tête : M. Pingeot, adjoint au maire, et M. Démarez, secrétaire de mairie par intérim, et remplissant le rôle de parlementaire auprès des premiers officiers allemands arrivés à Verberie. M. Borderie, de Belfort, arrivant le matin de Creil pour se rendre à Compiègne, s'était joint à eux. Quatre soldats anglais, non blessés, restés dans Verberie, s'employèrent à porter leurs camarades à l'ambulance, mais furent presque aussitôt faits prisonniers. Malgré les dénégations de tous, les Allemands prétendirent qu'un cinquième Anglais était caché dans la commune.

Ce fut la cause de l'arrestation de M. l'abbé Duret, curé de Verberie, menacé d'être fusillé et gardé comme otage jusqu'à ce que le cinquième Anglais soit retrouvé : odyssée de M. le Curé à Cappy, à Saint-Vaast, à Néry, où des officiers supérieurs, après pourparlers, le remirent en liberté...

Inhumation des six morts restés dans les rues. M. Pingeot, M. le Curé, jusqu'à son arrestation, s'y emploient au milieu des difficultés sans nombre. Des volontaires se dévouent pour cette triste besogne. Ce sont MM. Courteille, Couvreur, Jean Lemaire, Duchauffour, Martin Greuillet, Beauvoisin...

Le mercredi soir, tout le monde se couche dans la plus pénible angoisse, et toute la nuit on entend les chiens hurler, pendant que passent sans arrêt sur les routes des convois d'équipages et de cavaliers...

3 Septembre. — Proclamation à la population, lue par M. Démarez, accompagné de M. Bourgeois, tambour.

L'ambulance fonctionne avec des moyens de fortune. Les blessés sont dans un état aussi bon que possible, eu égard aux ressources restreintes qu'il y a en fait d'objets de pansement. On nettoie la maison de la Croix-Rouge le mieux possible... Tout le monde s'y est réfugié comme dans un asile sacré...

Le médecin-major allemand Wiese vient faire sa première visite à dix heures. Il examine tous les blessés et constate leur état : « *Très bon*, dit-il, comme soins et installation. » Il donne des indications succinctes sur la conduite à tenir pour les blessures et conseille surtout l'abstention pour l'extraction des balles : il faut savoir attendre.

Le soir, visite de l'infirmier-major (à lunettes) qui revoit les pansements. Mesures d'ordre et de salubrité dans la maison Arcelaine et ses dépendances, à l'aide de personnes de bonne volonté.

4 Septembre. — Le pronostic exact peut être porté sur chaque blessure.

Mort dans la nuit du chasseur alpin Emile Constant, à la suite de fracture du crâne. Mise en bière et enterrement à cinq heures, avec l'assistance de M. le Curé Duret, et Bayer, chantre. Ont porté le cercueil : MM. Beauvoisin, Debressy, Paillard, Courteille, Deprez, Duchauffour, Duval, Greuillet; M. Bourgeois, représente la police...

Les blessés sont dans un état satifaisant. Le conscrit Mélique, de Saintines, atteint de balle de schrapnell à la jambe, le 1er septembre, en se rendant à son corps à Senlis, et recueilli à l'ambulance après s'être réfugié chez M. Darche, peut rentrer chez lui.

Organisation complète de la cuisine et de la buanderie. Des dons et des réquisitions allemandes pourvoient abondamment aux besoins. Il n'y a à ce jour presque aucune dépense urgente à faire. Du lait, des fruits, des œufs, du chocolat, du vin, etc., sont apportés par MM. Paillard, Coqueret, A. Rudaux, Charles Mahon, Debressy-Coemet, Mme Cardon, la maison Noirot et M. Beauvoisin-Arcelaine.

Servent d'infirmiers : MM. Borderie et Beauvoisin, qui restent à l'ambulance jour et nuit.

Infirmières : Mmes Juvigny, Delaplace, Papillon, Geoffroy, Lebègue, Olympe Mahon, L. Lépine, Rouillé, Désirant, Mlles Duval, Duchauffour, Vasseur, Bontemps, etc.

5 Septembre. — Etat des blessés en général très satisfaisant. Pas d'infection des plaies. Deux présentent seuls quelque chose d'inquiétant ; l'un, soldat anglais, à la suite de fracture du crâne par éclat d'obus, fait de l'hémorrhagie méningée, et meurt dans la nuit...

Tous les lits sont refaits et le linge changé. Nourriture copieuse et même un peu trop abondante. Des purges sont préparés pour le lendemain...

Deux soldats allemands, dont un avec 40° de température, sont amenés à l'Hôpital, après demande du médecin-major Wiese. Un convoi de blessés arrive de la région de Nanteuille-Haudouin et fait séjour à Aramont. Ils sont une vingtaine. Deux sont très gravement atteints de fracture de cuisse : ils sont couverts de poussière et n'ont pas été pansés depuis deux jours... Il fait une chaleur accablante...

6 Septembre, dimanche. — Les deux grands blessés français du 354e de ligne, tombés à Montlévêque, ont été évacués à l'ambulance. Ils sont pansés complètement et mis dans une gouttière par les Drs Wiese et Debacq. Pas de fièvre.

Sont présents à ce jour : 10 blessés du 1er septembre, 2 blessés du troisième jour, et 1 malade allemand. Celui-ci meurt le soir de tuberculose aiguë...

A 5 heures, enterrement du soldat anglais Brook, décédé la veille.

7 Septembre. — Le matin à 5 heures, une malheureuse, revenue de Senlis la veille, accouche dans la cour Saint-Nicolas, en face l'ambulance. On lui fournit des draps et les soins urgents.

Visite de l'ambulance à 10 heures : pansement de tous les blessés. A la même heure, enterrement du soldat allemand mort hier. Le prêtre, un chantre et un détachement de 20 hommes, avec fusil et casque, accompagnent le convoi (break à cheval). Le commandant de place avait ordonné des honneurs simples et demandé l'assistance du « pasteur ». Un discours fut prononcé par un kamarade...

A 17 heures, une voiture avec drapeau de la Croix-Rouge, montée par trois ou quatre Allemands, arrive de la direction de Pont-Sainte-Maxence. Demande de cidre ou de bière, et de champagne... Après visite au commandant, ces ambulanciers allemands pillent la cave de M. Thiénard, hôtel du Télégraphe...

Le canon tonne jusqu'à la nuit, dans la direction de Meaux.

8 Septembre. — Dès le matin, canonnade furieuse du côté de Betz, Nanteuil et l'Ourcq.

L'état sanitaire du pays est satisfaisant. Des émigrés reviennent. A 10 heures, trois blessés anglais, réfugiés à l'asile Saint-Corneil et soignés en cachette par Mme Cardon-Trézel, sont transportés à l'ambulance et pansés aussitôt. Un seul est gravement atteint et pansé par le Dr Wiese : fracture de jambe. Les autres blessés sont en bonne voie. Six sont en état d'exéat.

Le fonctionnement de l'Hôpital, quoique difficile pour la buanderie, est aussi parfait que possible, grâce à M. Beauvoisin qui fait fonctionner la chaudière à vapeur et assure la désinfection des locaux.

Il y a toujours au moins deux infirmières dans la salle.

A 10 heures, le médecin-major Wiese a fait sa visite avec deux infirmiers, et a spécialement vu le sergent-major Dargentolle, du 354e de ligne : cuisse broyée intérieurement, *statu quo*. Ponction du thorax de Régnier, avec un gros trocard, rien ne s'échappe ; pansement complet de l'Anglais, à perforation du scrotum.

M. Borderie part à Compiègne, ayant un sauf-conduit et accompagné d'un soldat allemand de la Croix-Rouge, dans le but de rapporter du Dispensaire les objets de pansements nécessaires.

Le soir, un très fort détachement d'infanterie allemande occupe Verberie et loge chez l'habitant... c'est la plus horrible nuit de cette époque terrible...

9 Septembre. — Visite à l'Hôpital du Dr Wiese, qui fait appliquer sur la porte une pancarte écrite de sa main, interdisant l'entrée de la salle aux soldats allemands sans une permission ; il confirme l'expectation à outrance pour les plaies douloureuses et de pronostic incertain et morphine à haute dose (5 centigr.).

Les infirmières sont moins nombreuses dans la salle, mais le service est assuré. La lingerie fonctionne régulièrement, quoiqu'il y ait beaucoup de linge sale...

Reçu de la Croix-Rouge de Compiègne une grosse provision d'objets de pansements. M. de Seroux a donné tout ce que l'on peut désirer et promet de continuer.

...On dit les pertes allemandes formidables... Il y a de l'inquiétude chez eux. Un convoi important de brancardiers et de voitures de la Croix-Rouge arrive vers 18 heures de la direction de Pont. Cela ressemble à une retraite...

Vers 23 heures, on est réveillé par l'arrivée de cavaliers et d'équipages qui descendent la côte à fond de train. Il en passe toute la nuit. Il y a aussi des hommes à pied... Ils se dirigent sur Compiègne. Le pont de bateaux a été démoli dans la soirée et tout l'état-major est parti précipitamment vers 4 h. 1/2 du soir ; en une demi-heure, le départ de tout le détachement de pionniers, a été effectué... On sent comme un souffle de délivrance qui passe dans l'air...

10 Septembre. — Continuation de la retraite de l'armée allemande. A 11 heures, un médecin-major allemand très pressé, venant à cheval de la direction de Senlis, demande de recevoir des blessés, quitte à les mettre, dit-il, dans l'asile des vieillards. Réponse affirmative et chaleureux remerciements.

Quatre lits restent libres. Confortable partout à l'Hôpital. Déjeuner extra, avec bœuf rôti. Les Anglais chantent de joie en apprenant la déroute allemande...

Mlle Lucienne Gourdet, retour de Gisors, est venue immédiatement prendre son tour de garde.

Tout le linge est à place. La cuisine approvisionnée. Il y a moins de visites.

3 soldats allemands, dont 1 blessé et 2 malades, sont hospitalisés.

11 Septembre. — A 8 heures, il y a encore une masse d'Allemands dans Verberie ; ils ramassent et pillent ce qui reste. Ils traversent le pays en chantant et se dirigent sur Compiègne avec un groupe de prisonniers. Il n'y a pas de combat. La cavalerie française arrive à fond de train de la direction de Paris. Les fuyards ennemis sont chassés et refoulés dans la forêt.

A l'ambulance, pansements en bon état. On refait sous chloroforme celui du sergent-major... Quelle difficulté de faire de la chirurgie avec si peu de matériel et de personnel, et cependant les résultats sont merveilleux !

Un cavalier du 3e hussards, Ozel (Théodore), blessé à Villeneuve et recueilli à Roberval, est amené.

Le soir, la première division de cavalerie française occupe Verberie.

Visite du général de Lastours, qui réconforte les blessés et félicite les ambulanciers.

Les habitants font un accueil empressé aux troupes françaises. Une gerbe de fleurs est offerte au général de division de Lastours.

12 Septembre. — En raison du logement des troupes de la 1re division de cavalerie à Verberie, qui demandent à la population le feu et le couvert, les équipes d'infirmières sont désorganisées. Les soins et la nourriture sont cependant largement assurés. Tous les pansements sont renouvelés le matin. Un médecin-principal de 2e classe fait une visite et envoie des blessés et malades français. Tous les lits sont occupés, il en faudrait dix de plus pour répondre à toutes les demandes... Deux sapeurs cyclistes se sont noyés en rétablissant le pont de bateaux. Ils sont inhumés au cimetière, après une présentation à l'église...

13 Septembre, dimanche. — Quatre grands malades à l'Hôpital sont mal, en raison de l'encombrement et devront être évacués...

La nuit a été très pluvieuse ; tempête. Les troupes françaises continuent à arriver à Verberie, et confirment la pleine déroute allemande sur la Marne. Des troupes d'Afrique passent.

M. de Maindreville, capitaine à l'état-major de la place de

Paris, est venu à Verberie se rendre compte de ce qui s'est passé.

14 Septembre. — Le pays est dans un état épouvantable, après le passage continuel des cavaliers et équipages. Il y a lieu de faire un nettoyage complet.

Mlle Pamart, institutrice-adjointe, est de retour à Verberie. Elle se rend de suite à l'ambulance et prend son service. Elle séjourne à l'Hôpital et met tout en ordre... Tous les blessés sont pansés ; trois sont dans un état qui s'aggrave et ne peuvent être gardés à cause des opérations à faire. Deux enfants trouvés à la ferme Lambotte, dont un, brûlé gravement, sont reçus èt couchés.

Evacuation à l'Hôpital auxiliaire de territoire n⁰ 34, à Compiègne, de huit blessés, dont deux Allemands, deux soldats anglais guéris, un officier anglais guéri, le lieutenant Braddell (Arthur). Reçu signé : J. de Magnienville.

15 Septembre. — Continuation de l'évacuation des blessés sur Compiègne, sept sont reçus à l'Hôpital n⁰ 34, par M. de Magnienville, dont deux Anglais guéris et un Allemand.

Le soir, il reste huit blessés et un malade. Il n'est pas nécessaire d'avoir une infirmière la nuit ; MM. Borderic et Beauvoisin assurent la garde.

Mort à Compiègne du sergent-major Dargentolle, évacué la veille...

On entend le canon dans la région de Soissons...

16 Septembre. — On demande les notes des fournitures faites à l'ambulance. Les émigrés reviennent en grand nombre. Dès l'aube le canon tonne vers Noyon.

17 Septembre. — Deux blessés, peu grièvement, du 22e dragons, qui a été dispersé dans la forêt de Compiègne, sont restés en ville chez M. Rousselle. Leur subsistance sera remboursée par l'Hôpital.

Visite à 10 heures, état excellent. La lingerie est réorganisée ; ainsi que le service en général, qui est devenu très simple. Mlle Pamart met tout en ordre avec beaucoup de dévouement.

18 Septembre. — Evacuation sur Paris des deux soldats anglais, Thomas Kelly et Jeremiah Wilkinson, par ambulance automobile anglaise.

19 Septembre. — Entré à l'Hôpital des deux dragons blessés, restés chez M. Rousselle depuis six jours.

Le nommé Léon Boursier, qui a reçu un coup de fusil de chasse la nuit précédente à Pontpoint, est hospitalisé.

20 Septembre. — Evacuation dans la soirée des deux derniers soldats anglais par l'ambulance américaine de Paris...

Un régiment de spahis passe dans Verberie. Des troupes de toutes armes stationnent dans la commune.

21 Septembre. — Un malade, maréchal de logis chef, est laissé par le 26e d'artillerie pour être soigné à l'ambulance.

22 Septembre. — L'état des militaires présents est établi et porté à Compiègne par M. Borderie.

23 Septembre. — Trois convalescents sont évacués sur Compiègne par voiture Grenet.

Mort à Compiègne du chasseur alpin Régnier, blessé à Verberie, le 1er septembre, de plaie pénétrante du thorax.

24 Septembre. — Visite de dames de la Croix-Rouge, qui font des compliments sur l'organisation et le fonctionnement de l'Hôpital et donnent du tabac et des journaux aux blessés.

L'effectif est de 7 : 3 militaires et 2 civils blessés, 2 malades.

25 Septembre. — Visite à 11 heures. Un seul blessé couché. La lingerie est en ordre, tout est lavé à peu près. La maison Arcelaine est dans un état absolument parfait, grâce à l'ambulance.

27 Septembre, dimanche. — Le médecin auxiliaire Herz, attaché au 1er génie, équipages de ponts, visite les blessés et essaie d'extraire la balle du hussard, sans succès.

M. Borderie, administrateur, demande un congé de 4 jours. Mlle Pamart prend la direction de l'ambulance. Un éclopé du 1er génie est reçu.

28 Septembre. — Tout un corps d'armée, le 10e, occupe Verberie avec tous ses services, ambulances comprises. Un certain nombre d'éclopés et de malades sont incapables de suivre. On voudrait les faire hospitaliser dans notre ambulance. Mais nous n'avons pas de place suffisante, et en outre nous ne sommes pas un hôpital militaire, mais une organisation privée destinée à recevoir des blessés de guerre. Néanmoins, le soir, sur réquisition, quatorze hommes sont amenés et restaurés et peuvent se reposer avant d'être évacués sur Compiègne le lendemain...

29 Septembre. — Trois soldats d'infanterie, malades, ne pouvant être évacués, sont reçus.

30 Septembre. — Mme Virion fait un don de 50 francs et apporte du bon vin. Deux hommes du 1er génie, venant de Pont-Sainte-Maxence, sont hospitalisés pour peu de temps, pour cause de blessure légère. Le matin, le médecin auxiliaire Herz fait un pansement complet à l'eau iodée de la fracture comminutive de cuisse, et applique un appareil de son invention : gouttière mobile sur rouleaux... M. Borderie est de retour dans la soirée.

1er Octobre. — Toutes les notes de fournitures sont demandées, de façon à pouvoir établir à peu près le chiffre des dépenses du mois de septembre et à payer le plus pressé.

Retour de M. Arcelaine, propriétaire des locaux de l'ambulance. Départ de M. Beauvoisin à l'armée.

Les nuits sont froides : il y a lieu de préparer des appareils de chauffage.......

5 Octobre. — Quatre hommes sont évacués sur Compiègne, par voiture Grenet. M. Borderie et Mlle Pamart les accompagnent.

Il est donné à Mlle Pamart une attestation de ses fonctions à l'ambulance de Verberie, autorisées par l'Inspecteur d'académie, pour pouvoir porter le brassard de la Croix-Rouge. La circulation la nuit ne peut être autorisée que pour des besoins de service (ordre du général anglais, commandant de place), et il faut en donner la preuve.

Il ne reste à l'ambulance que quatre soldats français, dont trois grands blessés et un malade.

Visite du colonel Porter, médecin du corps-expéditionnaire anglais.

6 Octobre. — Un soldat anglais malade a été envoyé la veille au soir et un autre blessé de coup de feu à la cheville, par accident, la nuit. Le médecin anglais, qui l'a pansé, juge son état tel qu'il va l'évacuer sur un hôpital de Paris.

M. Beauvoisin est de retour dans ses foyers...

8 Octobre. — Présents à l'Hôpital, à 10 heures : 1 chasseur alpin, blessé convalescent ; 1 hussard, balle au sacrum ; 1 infanterie, fracture cuisse ; 2 malades français, rhumatisme et anémie ; 2 anglais, 1 blessé accidentellement, 1 embarras gastrique.

Une voiture d'ambulance automobile anglaise, accompagné d'un prince d'Orléans Bragance, engagé dans l'armée anglaise, vient chercher des blessés anglais ; on croyait qu'un officier anglais était tombé dans la région...

9 Octobre. — Pas de visite à l'Hôpital. Voyage à Senlis.

10 Octobre. — Il y a seulement 5 lits occupés par 3 blessés et 2 malades français...

Calme complet à l'ambulance. Rien de nouveau dans Verberie. Continuation des passages et cantonnements anglais. On est obligé d'en loger dans l'église.

14 Octobre. — Visite de M. Borderie à la Croix-Rouge de Compiègne. Divers renseignements sont donnés au sujet des dépenses faites. Pas plus à Compiègne qu'à Verberie, l'ambulance n'a fonctionné, comme cela avait été prévu par les directeurs de l'œuvre. L'invasion brusque de l'ennemi a modifié bien des choses ; ce qui a été fait a été bien fait. Il ne peut être question à l'heure actuelle de distinction des hôpitaux militarisés, d'asile de secours, de maisons de convalescents, etc... Soulager les plus gravement atteints de nos soldats, c'est le but de la Croix-Rouge, et tous les moyens employés sont bons.

15 Octobre. — Reçu deux malades du 87e territorial. Effectif : sept.

19 Octobre. — Un soldat du 136e est évacué sur Compiègne, guéri. Pointes de feu au chasseur alpin...

Il reste quatre hommes à l'ambulance, dont un convalescent de rhumatismes.

22 Octobre. — Un tirailleur algérien, brancardier, est amené par la gendarmerie, et est hospitalisé pour douleur d'estomac et fatigue générale...

Il est décidé de déposer, le 1er novembre, une couronne au nom de la Croix-Rouge, sur la tombe des soldats tombés à Verberie, le 1er septembre, et d'inviter la population à la couvrir de fleur.

26 Octobre. — L'invitation suivante est affichée à la porte de l'ambulance :

† M

« Le mardi 1er septembre, huit soldats alliés sont tombés sur l'avenue de Compiègne, fauchés par les obus allemands.

« Nous n'avons pu leur faire d'obsèques dignes de leur héroïsme.

« Sans cercueil, sans drap funéraire, couverts de poussière et de sang ils furent portés au cimetière, dans une petite charette, traînée par de courageux citoyens que conduisait le vénéré M. Pingeot, maire-adjoint, sous les yeux indifférents de l'envahisseur.

« Nous devons à ceux qui sont morts pour défendre Verberie d'autres honneurs.

« C'est dans cette pensée qu'une couronne va être déposée sur leur tombe au nom de la Croix-Rouge et que nous invitons les habitants de Verberie à aller le 1er novembre, jour de la Toussaint, y porter des fleurs et à rendre ainsi hommage à tous les enfants de la commune morts pour la Patrie.

R I P.   Priez pour eux.

« La couronne sera portée au cimetière le 1er novembre, à l'issue des Vêpres des morts, par le personnel de l'ambulance et les convalescents. »

Un tronc fut placé dans la salle pour recevoir les offrandes ; en quelques jours on put ainsi recueillir pour l'achat de la couronne plus de cinquante francs.

31 Octobre. — Une croix en bois, provisoire, est placée, avec le concours de la commune, sur la tombe des soldats morts à Verberie. Des fleurs sont apportées de tous côtés et des faisceaux de drapeaux entourent la croix.

Dimanche 1er Novembre. — **Toussaint.** — Un déjeuner intime rassemble, à midi, le personnel de l'ambulance et les malades convalescents, sous la présidence du Dr Debacq. Menu de jour de fête, dû à la générosité de nos bienfaiteurs et amis... C'était surtout une réunion d'adieu...

Au dessert, M. Borderie lut son compte-rendu administratif, et le Dr Debacq remercia en termes émus ses aides et collaborateurs, qui tous ont été pour lui des amis. Il rappela les difficultés du début, les tristesses de l'invasion allemande, les grandes et douloureuses blessures et leur soulagement... Il s'excusa d'avoir montré parfois un peu d'impatience, en relevant les manques aux règles de l'hygiène et de l'antiseptie...

Il dit qu'il ne fallait pas oublier dans notre reconnaissance ceux et celles qui ne sont pas là et qui cependant ont contribué puissamment au succès de l'œuvre : les fondateurs, les donateurs et les organisatrices de l'ambulance de Verberie et surtout son active présidente, à qui les circonstances n'ont pas permis de la voir ouvrir et fonctionner. Si le travail énorme de la préparation n'avait pas été fait d'avance, le local mis en état, aménagé, et les lits garnis, il n'y aurait pas eu moyen d'y mettre de blessés et nous aurions été obligés de les abandonner aux Allemands et de les voir partir en exil, sans les avoir pansés convenablement... Comme dans le parabole de l'Evangile, il y a eu des ouvriers de la première heure, il y en a eu de la sixième, et de la douzième, qu'ils ne soient pas jaloux les uns des autres... tous ont droit à la gratitude de la Patrie...

Les convalescents, par la voix de l'un d'eux, remercièrent

bien sincèrement leurs chers gardes malades et leurs bienfaiteurs. (Voir plus loin des extraits de leurs lettres).

Le soir, pèlerinage au cimetière, après les Vêpres des morts. Tout Verberie vient s'incliner sur la tombe des soldats alliés tombés le 1er septembre. Elle est entièrement recouverte de fleurs. Une palme magnifique est apportée par l'ambulance, et attachée à la petite croix de bois noir qui porte les noms de quelques uns de ceux qui dorment dans cette fosse commune à l'ombre du drapeau tricolore. On peut y lire cette inscription qui restera comme un témoignage perpétuel de reconnaissance et d'admiration :

« AUX HÉROS TOMBÉS A VERBERIE,

LE 1er SEPTEMBRE 1914,

LA CROIX-ROUGE FRANÇAISE »

Compte rendu Administratif

A Monsieur le Docteur Debacq,
chef de service à l'Ambulance de Verberie.
— 2 Septembre au 3 Novembre 1914. —

Monsieur et cher Docteur,

Avec tous mes remerciements pour le bienveillant accueil que vous m'avez fait, ainsi que pour la latitude et l'initiative que vous m'avez toujours accordées, avant de prendre congé de vous, je vous prie de vouloir bien accepter le compte rendu administratif moral et financier de ma gestion. Je suis très heureux et très fier d'avoir pu collaborer à vos cotés à une œuvre de soulagement aux maux de nos frères et alliés tombés pour la défense de notre chère France, réalisant de la sorte la généreuse pensée des organisateurs de l'Ambulance de Verberie.

Avec mes remerciements, veuillez agréer, cher Docteur, tous mes sentiments de profonde gratitude, ainsi que mes respectueuses salutations.

F.-E. Borderie.

L'Ambulance de Verberie, ouverte le lendemain du combat de Verberie, le mardi 1er septembre, où huit soldats alliés trouvèrent la mort, cinq soldats Anglais et trois Français, fonctionna sous la direction de M. le Docteur Debacq, du 2 septembre au 3 novembre, date à laquelle il ne restait plus en traitement que cinq blessés en parfait état et convalescents. Ils furent évacués sur l'hôpital d'évacuation de Compiègne, afin de rejoindre leurs dépôts et d'obtenir des congés de convalescence.

Durant ce laps de temps, il fut soigné cinq-deux blessés et malades, parmi lesquels de très gravement atteints : fractures du crâne, cuisses brisées par éclats d'obus, plaies pénétrantes par balles dans la poitrine, dans les reins, dans les bras et jambes, etc.....

..... L'Ambulance fut souvent visitée par diverses personnalités : M. le général Dor de Lastours, des médecins chefs Anglais et Français, des délégués de la Croix-Rouge, de nombreux officiers.

Aux côtés du médecin du corps, celui de l'âme, je veux nommer M. le Curé de Verberie, visita chaque jour et sans interruption nos blessés les réconfortant par de bonnes paroles de consolation. M. Pingeot, maire par intérim, et les autorités locales ne nous ménagèrent pas leurs visites, ainsi que de nombreuses dames voisines et amies de notre Ambulance, qui en plus de la sollicitude qu'elles portaient à nos blessés, pourvurent souvent et dans une large mesure à la composition de l'ordinaire par des dons de toute nature : vieux vin, fruits, volailles, dessert, chocolat, tabac, etc.

Après cet hommage justifié, je manquerai au premier des devoirs, celui de la reconnaissance, si au nom de tous nos blessés, je ne comprenais dans cette même pensée et tout spécialement : M. Arcelaine, qui mit son immeuble à la disposition de la Croix-Rouge et qui, entouré de Madame et de ses demoiselles, fit tant pour le bien-être des soldats traités. Soyez certains, Monsieur, Madame, que par vos nombreuses et quotidiennes visites, vos mille attentions et jusqu'à la tasse de tisane chaque soir, vous avez rappelé à plus d'un blessé l'image de son foyer et diminué le chagrin d'en être séparé.

En ce qui concerne ma gestion, elle fut très facile, je me fais un plaisir de l'avouer, grâce à la précieuse et toujours dévouée collaboration de Mlles Lucienne Gourdet, entrée en fonctions le 10 septembre jusqu'à ce jour ; Marie Pamart, du 15 septembre à ce jour ; Duchauffour, Jeanne Bontemps, ainsi que Mmes Geoffroy, Paillard, Olympe Mahon, Juvigny, Carluis, Désirant, Rouillé, Lépine, Papillon, Lebègue, qui toutes en ce qui était de leurs fonctions, soit service de nuit, soit de jour, soit à la lingerie ou à la cuisine, montrèrent un inlassable dévouement, assurant ainsi un service parfait et admirable. Toutes furent les ouvrières de la première heure jusqu'au jour où l'état satisfaisant des malades permit la suppression du service de veille de nuit.

Elles ont été à la peine, M. le docteur Debacq, je vous prie de vouloir bien conserver cette liste, pour qu'elles soient toutes mentionnées au tableau d'honneur.

Avant de clore ce compte rendu moral, qu'il me soit permis d'adresser un amical et fraternel hommage à mon compagnon des mauvais jours qui m'a toujours assisté dans toutes les besognes et partagé toutes mes nuits dans le local de l'Ambulance. Vous l'avez tous reconnu, c'est notre ami commun Louis Beauvoisin.

Personnel de l'Ambulance.

Médecin-Chef : 'M. le docteur Debacq : visite chaque jour et contre visite, 9 heures matin et 4 heures soir, de l'ouverture au 15 septembre ; visite chaque matin à 10 heures du 15 septembre au 3 novembre.

Administrateur : M. F.-E. Borderie : Pansements, réception et évacuation des blessés, organisation des différents services, vivres, cuisine, comptabilité, etc.

Surveillant-Chef : M. Beauvoisin a suppléé M. l'Administrateur dans toutes ses attributions de l'ouverture au 20 octobre ; s'est spécialement occupé avec M. Pingeot, des inhumations et des tombes des soldats morts à Verberie. A assuré le fonctionnement de la chaudière à vapeur, si utile pour le lessivage.

SERVICE DE GARDE DE JOUR

Mlle Lucienne Gourdet, 51 présences ;

Mme Geoffroy Juvigny, 26 présences ;

Mlle Duchauffour, 21 présences ;

Mme Désirant, 22 présences ;

Mlle Pamart a partagé son temps entre l'infirmerie chaque matin et la lingerie l'après-midi.

SERVICE DE GARDE DE NUIT

Mme L. Lépine, 4 présences ;

Mme Juvigny, 3 présences ;

Mme O. Mahon, 3 présences ;

Mme Paillard, 3 présences ;

Mme Désirant, 2 présences ;

Mme Delaplace, 2 présences ;

Mme Lebègue, 1 présence ;

Mme Carluis, 1 présence ;

Mme Geoffroy, 1 présence ;

Mlle Duchauffour, 2 présences ;

Mlle L. Gourdet, 1 présence.

SERVICE DE CUISINE

Mme Papillon a assuré ce service du 4 au 16 septembre et du 29 septembre au 7 octobre ;

Mme Rouillé, du 17 au 29 septembre ; ont été indemnisées par une allocation de 1 fr. par jour ;

M. Borderie a assuré ce service du 7 octobre au 3 novembre.

SERVICE DE LINGERIE

Mlle Pamart a assuré seule ce service qui était complètement désorganisé à son arrivée, 15 septembre.

SERVICE DU BLANCHISSAGE

Mlle Louise Lefort a toujours assuré ce service, 41 présences ;

Mlle Duval a partiellement assuré ce service, 10 présences ;

Mme Boursier, 4 présences ;

Mme Cardon, 3 présences ;

Mlle Rose Geoffroy, 4 présences ; ont été indemnisées 1 fr. par demi-journée.

Mlle Pamart, 1 présence, faute de personnel.

SERVICE AUXILIAIRE DE CUISINE

Mlle J. Bontemps a toujours aidé à la cuisine, 49 présences, a été rétribuée 1 fr. par jour.

INFIRMIÈRE SUPPLÉANTE

Mme Désirant, 18 présences, rétribuée 1 fr. par jour.

DÉPENSES

—

Boulangerie	229 fr.	15
Épicerie	309	30
Boucherie	165	40
Lait, crêmerie, œufs	102	35
Charbons	50	»»
Volailles	14	30
Vin	38	10
Divers	129	65
Voitures	22	»»
Remboursement Rousselle	25	»»
Cercueils	33	»»
Tombes	14	»»
Personnel	154	»»
Objets mobiliers	30	»»
Pharmacie	165	»»
Médecin	150	»»
Gratifications	170	»»
Couronne	50	»»

Il y a à ajouter quelques frais de fournitures, de blanchissage, d'entretien et de remplacement du matériel, dont les notes n'ont pas encore été règlées.

RECETTES

—

Souscriptions : M. de Maindreville	500 fr.	»»
M. de Roberval	300	»»
M. Savignac-Souvillouze	100	»»
M. Noirot	100	»»
M. Froment	100	»»
Mᵐᵉ Leblond	50	»»
Mᵐᵉ Virion	50	»»
M. le Curé de Verberie	20	»»

Recueillies par : Mme Corbon .... 335 fr. »»
                 Mme Rottée 154 25
                 Mme Lenfant................... 106 70
                 Mme Mairesse................. 71 85
                 Mme Génu 147 25
                 Mme Ant. Péters............... 143 65
Divers............................... 25 50
Collecte pour la couronne.................... 55 80
Le Comité de la Croix-Rouge de Compiègne a
fait don de fournitures qui ont été évaluées à la
somme de............................... 180 »»

EXTRAITS
du Journal de l'Ambulance

Vendredi 4 Septembre 1914.

5 heures matin, décès : Jules Constant, de Nice.

Service de jour de 7 heures à 7 heures : Mmes Delaplace et Juvigny.

Service de nuit : Mmes Lépine, peintre, Olympe Mahon.

Déjeuner : midi : consommé pour tous, 11 malades. Bœuf bouilli : 10 malades ; demi-verre de vin rouge à chacun.

Soir, consommé pour tous, bouilli, macaroni, fruits.

4 heures et demie : Poire.

Samedi 5 Septembre.

Jour : Mmes Geoffroy-Juvigny, Désirant.

Nuit : Mmes Mahon, Juvigny.

Déjeuner, onze heures et demie : Bouillon, bœuf, légumes, fruits.

4 heures : Poires et pain.

Dîner, 6 heures : Bouillon, poule, compote.

Admission, 6 heures soir : Deux soldats allemands malades.

8 heures : 45 décés, soldat anglais.

9 heures : Admis, soldat français, sergent major, très blessé.

Dimanche 6 Septembre.

Jour : Mmes Désirant et Papillon.

Nuit : Mmes Lépine et Paillard.

Petit déjeuner : Chocolat.

Déjeuner, 11 heures 1/2 : Bouillon, poulet blanc, pommes de terre à l'eau, fruits.

Dîner, 5 heures 1/2 : Bouillon, bœuf, compote.

Décès, 3 heures 30 : Soldat allemand.

Lundi 7 Septembre.

Jour : Mmes Désirant et Papillon.

Nuit : Mmes Lépine et Paillard.

Petit déjeuner, 8 heures : Chocolat.

Déjeuner, 11 heures : Bouillon, bifteck, pommes, fruits.

Collation, 4 heures : fruits, pain.

Dîner : Bouillon, nouilles, compote, poires.

10 heures 1/2 : Inhumation, soldat allemand.

Quittung,

1 Portemonai mit 14 ⁵⁰ M. von dem verstorbenen Infr Henk vom Brùken Train 2 erfulten.

Verberie d 7. 9. 14

WALTER KRISCH,
3 C. Pion Batt 2.

Jeudi 10 Septembre.

Joùr : Mmes Geoffroy, Désirant.

Nuit : Mme Paillard, Mlle Gourdet Lucienne.

Petit déjeuner : Café.

Déjeuner, 11 heures : Potage, légumes, bœuf rôti, pommes de terre, fruits.

Collation : Fraises au vin.

Dîner : Soupe poireaux, haricots verts, crême.

Reçu de M. Paillard fils un paquet de tabac, 6 fr. 25.

. . . .

Mardi 15 Septembre.

Jour : Mlles Pamart, Lucienne Gourdet, Duchauffour, Mme Geoffroy.

Nuit : Inutile.

Déjeuner : Ragout de mouton, poires.

Dîner : Bouillon, épinards, œufs durs, compote poire.

Evacués sur Compiègne : 7 soldats, Anglais, Français, Allemands.....

Reçu de M. Duru, 25 litres de vin à 0,60 cent.

. . . .

Jeudi 17 Septembre.

Jour, 7 heures à midi : Mlles Pamart, Duchauffour, Mme Geoffroy ; 1 heure à 7 heures : Mlles Pamart, Lucienne Gourdet.

Déjeuner : Poule au blanc, pommes Pont-Neuf, raisin ; 4 heures : Poires, pommes, malaga.

Dîner : Potage à l'oseille, nouilles, poires.

Samedi 19 Septembre.

Matin : Mme Désirant, Mlle Pamart.

Soir : Mlle Lucienne Gourdet.

Déjeuner : Gibelotte lapin. pois cassés, fruits.

Dîner : Bouillon, poule, haricots verts, compote.

Arrivée, 2 dragons du 22e : MM. Jentet, maréchal des logis, et Quiquempois, cavalier, en subsistance depuis le 13 septembre, chez M. Rousselle, rue de la Pêcherie.

....

Lundi 5 Octobre.

Matin : Mme Désirant, Mlle Pamart.

Soir : Mlle Lucienne Gourdet.

Déjeuner : Bœuf mironton, salade, dessert, café.

Dîner : Soupe légumes, soissons beurre, poires cuites.

Evacués sur Compiègne : 1 chef artificier, 2 soldats du 70e, 1 soldat du 41e.

Entrée : Un soldat anglais malade.

....

Jeudi 22 Octobre.

Matin : Mlles Duchauffour, J. Bontemps.

Soir : Mlle Lucienne Gourdet.

Déjeuner : Veau aux carottes, salade, dessert.

Dîner : soupe à l'oignon, macaroni beurre, raisin.

Arrivée : Tirailleur algérien.

....

Dimanche 1er Novembre. — Toussaint.

Matin : Mme Geoffroy, Mlle Duchauffour.

Soir : Mlle L. Gourdet.

Petit déjeuner : Chocolat, pain, beurre.

....

Déjeuner : Invités : Dr Debacq, président ; M. Beauvoisin, Mmes Borderie, Geoffroy, Mlles L. Gourdet, Pamart, Duchauffour, J. Bontemps.

Soldats convalescents : Raguet, Rebuffel, Spenlin, Ozel, Mohamed, Legall.

A 3 heures 1/2, l'ambulance, malades en tête, conduisent au cimetière de Verberie une couronne, offerte par les amis de la Croix-Rouge aux soldats tombés le 1er septembre à Verberie.

Ambulance de Verberie. — Tableau des entrées.

NOMS	NATION ET ARME	ENTRÉE	SORTIE	Séjour	BLESSURE OU MALADIE	OBSERVATIONS
Régnier Jules . †	Français, 63e alpins	2 sep.	15 sep.	13	Balles poite, bras et hanche	Evac. Compassion, Compiègne, décédé 23 septembre.
Roger Gaspard.	Français, 63e alpins	2 sep.	15 sep.	13	Balle région fessière.	Evac. Compassion, Compiègne.
Bradell Arthur.	Angl., lieut. 2e rég Puniskilling Dovr	2 sep.	14 sep.	12	Balle séton poit., extract.	Evac. Compassion, Compiègne.
Rebuffel Honoré	Français, 63e alpins	2 sep.	3 nov	61	Balle région du genou.	Evac. conval. St-Jean-de-Luz.
Astruc Denis...	Français, 63e alpins	2 sep.	23 sep.	21	B. bras, rein, écl. obus pied	Evac. Compassion, Compiègne.
Constant Jules †	Français, 63e alpins	2 sep.	4 sep.	2	Fracture du crâne. Coma.	Décédé le 4 septembre.
Mélique.......	Français, conscrit.	2 sep.	4 sep.	3	Balle séton du mollet.	Rentré chez lui à Saintines.
Milligan.......	Angl., 2e rég. Pun.	2 sep.	14 sep.	12	Cont. et Hématome sacrum	Evac. Compassion, Compiègne.
Fullagar Harold	Angl., 2a bat. Roy.	2 sep.	14 sep.	12	Balle seton, cuisse droite.	Evac. Compassion, Compiègne.
Gilmore Willim	Angl., 2e rég. fusill.	2 sep.	15 sep.	13	Eraflure ventre.	Evacué Compiègne.
Ihos Edwards..	Angl., 2e bat. Roy.	2 sep.	15 sep.	13	Balle seton cuisse.	Evacué Compiègne.
Kelly Thomas.	Angl., rég. fusill.	2 sep.	18 sep.	16	B. seton cuisse et parties.	Evac. ambulance, Paris.
Brooks.......†	Angl., rég. fusill.	2 sep.	5 sep.	3	Fract. crâne, hém. méning.	Décédé le 5 septembre.
Henk.........†	Allemand.	5 sep.	6 sep.	1	Pneumonie.	Décédé le 6 septembre.
Sentung.......	Allemand.	5 sep.	7 sep.	2	Embarras gastrique.	A rejoint corps.
Raguet Paul...	Français, 354e ligne	5 sep.	3 nov.	58	Fract. cominut. cuisse.	Evac. conval. St-Jean-de-Luz.
Dargentolle .. †	Franç., st mr 354e lig.	5 sep.	14 sep.	10	F. com. cuisse. Septicémie	Décédé à Compiègne, le 15 sept.
Wilkinson Jéré.	Anglais, 2e fusill.	8 sep.	18 sep.	10	Plaie p. éclat d'obus cuisse.	Evac. par ambulance anglaise.
Amstrong Rob.	Anglais, fusillier.	2 sep.	20 sep.	18	Balle genou.	Evac. par ambul. américaine.
John Smitt....	Anglais.	8 sep.	20 sep.	12	F. jambe par éclat d'obus.	Avac. par ambul. américaine.
George Tiroll...	Allemand.	10 sep.	14 sep.	5	Eraflure balle, hanche.	Evacué Compiègne.
Preuss	Allemand.	10 sep.	14 sep.	5	Bronchite.	Prisonnier. Evacué Compiègne.
Bauer.........	Allemand.	10 sep.	14 sep.	5	Balle, hanche.	Evacué Compiègne.

Nom	Nationalité, corps	Entrée	Sortie	Jours	Affection	Observations
Ozel Théodore..	Français, 3ᵉ huss.	11 sep.	3 nov.	53	Balle région sacrum.	Evac. conval. St-Jean-de-Luz.
Spenlin Paul..	Alsacien, 22ᵉ drag.	11 sep.	3 nov.	53	Rhumatismes.	Evac. conval. Ancenis.
Troupel........	Français, 6ᵉ drag.	12 sep.	15 sep.	4	Entorse.	Evacué Compiègne.
Dugrip Robert.	Français, 22ᵉ drag.	12 sep.	15 sep.	3	Contusion tibia.	Evacué Compiègne.
Cerisier Roger..	Français, 9ᵉ drag	12 sep.	15 sep.	4	Entorse.	Evacué Compiègne.
Carré.........	Français, 8ᵉ génie.	12 sep.	15 sep.	4	Fièvre coloniale.	Evacué Compiègne.
Refurnen Rufin.	Allemand.	10 sep.	15 sep.	6	Contusion rate, ictère.	Evacué Compiègne.
Lamaré........	Algérien, 3ᵉ tirail.	13 sep.	14 sep.	2	Fatigue.	Evacué Compiègne.
Jentet, mˡ logis.	Français, 22ᵉ drag.	19 sep.	23 sep.	5	Entorse.	Restés en subsist. chez M. Rous-
Quiquempois...	Français, 22ᵉ drag.	19 sep.	23 sep.	5	Entorse.	selle, du 13 au 19. Evac. Comp.
Boursier Léon..	Français, civil.	19 sep.	15 oct.	17	Coup de feu chevrottines.	Remis à sa famille.
Huet A, mˡ logˢch	Français, 26ᵉ artill.	21 sep.	5 oct.	15	Coliques néphrétiques.	Evacué Compiègne.
Pillet..........	Français, 130ᵉ ligne	26 sep.	2 oct.	7	Furoncle au talon.	Rejoint corps.
Houel.........	Français, 41ᵉ infan.	28 sep.	5 oct.	8	Bronchite.	Evacué Compiègne.
Lavergne......	Français, 70ᵉ infan.	28 sep.	5 oct.	8	Bronchite.	Evacué Compiègne.
Darras........	Français, 1ᵉʳ génie.	28 sep.	5 oct.	8	Entorse.	Evacué Compiègne.
14 soldats......	Français, 130ᵉ inf.	28 sep.	29 sep.	1	Fatigue, éclopés.	Laissés à la Com. Evac. Comp.
Fauvel........	Français, 136ᵉ inf.	29 sep.	19 oct.	20	Dépression.	Evacué Compiègne.
Langlois.......	Français, 1ᵉʳ génie.	30 sep.	1ᵉʳ oct.	1	Rhume.	Rentré au corps.
Huré.........	Français, 1ᵉʳ génie.	30 sep.	6 oct.	7	Bronchite.	Rentré au corps.
Suensons Ch...	Anglais.	5 oct.	11 oct.	6	Embarras gastrique.	Ambulance du corps.
Dubus Désiré..	Français, 1ᵉʳ génie.	30 sep.	5 oct.	6	Coup de pied de cheval.	Rejoint corps.
Haydon Albert.	Anglais.	7 oct.	11 oct.	5	Coup de feu pied, accid.	Ambulance du corps.
Joseph, 11 ans..	Franç., de Denain.	15 sep.	8 oct.	23	Brûlures.	Enf. lais. chez M. Lambotte, par le
Félix, 4 ans....	Franç., de Denain.	15 sep.	8 oct.	23	Subsistance.	père p. en réqui. Rendus au père.
Ledan Yves....	Français, 87ᵉ territ.	15 oct.	21 oct.	6	Bronchite.	Rejoint corps.
Perrin Pierre..	Français, 87ᵉ territ.	15 oct.	17 oct.	2	Embarras gastrique.	Rejoint corps.
Madec Yves....	Français, 87ᵉ territ.	21 oct.	22 oct.	1	Coliques.	Rejoint corps.
Mahomed.....	Algérien, brancard.	22 oct.	3 nov.	12	Epuisement.	Evacué Compiègne.
Le Gall Math..	Français, 85ᵉ territ.	27 oct.	3 nov.	7	Bronchite.	Rejoint corps.

DOCUMENTS DIVERS

Témoignages de Reconnaissance

Saint-Jean-de-Luz.

Remerciements des plus vifs et du plus profond de notre cœur. Nous sommes très bien soignés, mais fatigués par le voyage de quarante-quatre heures que nous avons faits, dans de très bonnes conditions cependant. Le service de ravitaillement au cours du trajet a très bien fonctionné.

Avec une cordiale poignée de main.

Vos trois blessés de Verberie,
OZEL (THÉODORE), REBUFFEL, P. RAGUET.

Saint-Jean-de-Luz, 10 Novembre 1914.

Bien cher Monsieur le Docteur,

Nous sommes maintenant bien éloignés de Verberie ; de Compiègne on nous a évacués, avec un convoi de blessés, qui a été dirigé sur Bordeaux, puis de là sur Bayonne et Saint-Jean-de-Luz. Là, nous sommes très bien aussi ; une maison de convalescence sur le bord de la mer ; par la fenêtre de la chambre, on aperçoit l'Océan à perte de vue.

Là, on continue le même traitement qu'à Verberie pour les trois qui sont restés ensemble.

Je vous remercie, Monsieur le Docteur, du fond de mon cœur de tous les bons soins que vous m'avez donnés, et je ne vous oublierai jamais, ainsi que la bonne et généreuse population de Verberie. Je vous quitte en conservant votre bon souvenir.

Votre blessé presque rétabli,
RAGUET (PAUL).

Cher Monsieur le Docteur,

Je me joins à la lettre de mes copains pour vous faire parvenir le plus grand remerciement que j'ai envers vous pour les soins que vous m'avez donnés. Car je ne pourrai jamais oublié, ainsi qu'au personnel qui vous venait en aide. Quant à présent, ça va très bien ; on me fait des massages à ma jambe et j'espère être guéri dans peu de temps.

Recevez, Monsieur, mes plus sincères salutations.

REBUFFEL (HONORÉ).

Cher et vénéré Docteur,

Je vous remercie du plus profond de mon cœur des bons et dévoués soins que vous m'avez donnés dans votre petite ambulance de Verberie, que vous avez monté et dirigé vous-même, avec le concours de Monsieur Borderie qui vous a bien secondé et auquel je suis heureux, par la présente lettre, si elle pouvait tomber sous ses yeux, d'adresser tous mes remerciements, ainsi d'ailleurs qu'à tout le personnel infirmier.

Au bord de l'Océan, où je suis avec mes deux camarades, Raguet et Rebuffel, nous sommes très bien soignés et l'air de la mer nous fait grand bien pour achever notre complète guérison. Mon traitement est toujours le même, sauf qu'au lieu de pointes de feu, on me met du nitrate d'argent, et j'espère être complètement sur pied d'ici peu.

Je termine ma lettre, cher Docteur, en vous exprimant encore une fois l'expression de ma profonde et éternelle reconnaissance.

Toujours votre dévoué.

OZEL (THÉODORE), du 3e Hussards.

Cher Monsieur,

Je viens vous souhaiter les vœux de remerciement et de bonne année, recevez, cher Monsieur, de votre blessé qui ne vous oubliera jamais.

REBUFFEL (HONORÉ).

Cher Monsieur le Docteur,

Je vous envoie à travers la France et à l'occasion de la nouvelle année, l'expression émue de ma reconnaissance et je signe un blessé qui ne vous oubliera jamais.

OZEL (THÉODORE), du 3e Hussards.

Le Havre, 8.-1.-1915.

Cher Docteur,

Veuillez agréer, de votre ancien collaborateur, les respectueuses salutations et les meilleurs souhaits pour 1915, ainsi que pour votre famille. Que la Providence vous épargne à tout jamais des épreuves de 1914. Comme vous le voyez, je suis soldat, service armé, et instruit dès maintenant bon à partir sur le front. Si jamais je dois être blessé, je souhaiterais tomber dans une ambulance comme la vôtre et être entre vos mains. Je reçois d'assez fréquentes et bonnes nouvelles de Raguet, Ozel et Rebuffel. Veuillez me rappeler au bon souvenir de M. le Curé et de M. Pingeot.

Je vous serre affectueusement les mains.

Bien à vous.

BORDERIE,
24e Territorial.

BON D'HOSPITALISATION

REMIS A L'AMBULANCE DE VERBERIE, LE 5 SEPTEMBRE 1914

S'il vous plait, prenez les deux malades et laissez-les coucher.

L'un a 40⁰ de fièvre, et l'autre un peu mal à l'estomac. Il a reçu 0,3 de calomel.

J'ai déjà parlé avec Monsieur le Docteur.

Dr WIESE,
Médecin-Major.

PROCLAMATION

ANNONCÉE LE 3 SEPTEMBRE 1914

PAR MM. DÉMAREZ ET BOURGEOIS, TAMBOUR.

Par ordre du Commandant de Place.

1º Tous les habitants qui veulent quitter le pays pour des causes familiales ou industrielles doivent avoir un passe-port établi par le *Maire* et *légalisé par M. le Commandant de place.*

2o Nul habitant ne doit dire aux autres habitants ou aux Français et Anglais, les ouvrages militaires et le nombre de troupes qui se trouvent dans la localité. Lorsque des indiscrétions sont commises, tous les habitants, le Maire et le Curé, sont faits *prisonniers* et *susceptibles* d'être fusillés.

3o Dans les endroits où les troupes allemandes entreprennent des travaux ou font des bivouacs, il est interdit aux habitants d'approcher. Dans les rues du village, la circulation est libre et *ne sera pas entravée.*

4o Tous les vivres que possèdent les habitants seront inscrits sur une note et cette note remise à la mairie, et quand on ne dit pas la vérité, l'autorité militaire prend des mesures.

Toutes les fournitures seront payées.

L'Adjoint,
PINGEOT.

ANNONCE

FAITE LE 5 SEPTEMBRE 1914

PAR MM. L. LÉPINE ET BOURGEOIS, TAMBOUR.

Les habitants sont priés de faire traire toutes les vaches se trouvant dans le pays et devront faire du beurre qui sera livré à MM. les Officiers, dans la propriété de M. Devouge, rue de la Pêcherie.

Tous les chiens se trouvant sans propriétaire devront être abattus pour la sécurité du pays.

Les notes des fournitures disponibles sont à remettre de suite à l'Adjoint, ainsi qu'il l'a déjà été demandé avant-hier.

Les habitants sont priés de faire balayer leurs portes.

L'Adjoint,
PINGEOT.

SOLDATS ALLIÉS
Morts a Verberie
et inhumés
dans le Cimetière de la Commune

Quatre ANGLAIS, dont les noms n'ont pas été trouvés, tués le 1er septembre 1914, à Verberie, avenue de Compiègne.

BUES (Raoul), de Digne, chasseur alpin, tué le 1er septembre, avenue de Compiègne.

LIABEUF (Victor), de Pont-Saint-Esprit, chasseur alpin, tué le 1er septembre, avenue de Compiègne.

CONSTANT (Jules), de Nice, chasseur alpin, mort le 4 septembre des suites de ses blessures.

BROOKS, soldat anglais, mort le 5 septembre des suites de ses blessures.

VATIER, de Vernon, caporal au 26e chasseurs à pied, groupe cycliste, noyé à Verberie, le 12 septembre, en construisant un pont.

VIEIL (Paul), d'Evreux, du 26e chasseurs à pied, groupe cycliste, noyé à Verberie, le 12 septembre, en construisant un pont.

R. I. P.

Lib. Letellier, Verberie.